Glaube, Hoffnung, Liebe

REINHARD UND SABINE FÖRSTER

Glaube Hoffnung Liebe

ein Gedichtband

Bibliografische Information der Deutschen Nationalbibliothek: Die Deutsche Nationalbibliothek verzeichnet diese Publikation in der Deutschen Nationalbibliografie; detaillierte bibliografische Daten sind im Internet über dnb.dnb.de abrufbar.

Bibelzitate sind nach eigener Übersetzung angegeben.

Übersetzung,
Satz und Gestaltung: Marvin Klein
Herstellung und Verlag: BoD – Books on Demand, Norderstedt

ISBN: 978-3-7543-4610-5

Vorwort

Im schönen Sauerland, 1950 geboren, war es mir in jungen Jahren ein großer Wunsch, Gedichte zu schreiben, in denen sich andere Menschen finden und in der Tiefe ihrer Seele verstanden fühlen konnten. Nachdem ich schon als Kind mein Leben nach der Bibel ausrichtete, gab es mit etwa 30 Jahren nochmals eine ganze Hinwendung zu Jesus Christus, dem Heiland und Erlöser für die Menschen, die an ihn glauben.

Zwei Jahre nach meiner Bekehrung schenkte mir Gott meine sehr liebe, gläubige Ehefrau Sabine (geb. 1956, Sauerland). Irgendwann in der Folgezeit erwachte der Wunsch, die Gedichte in einem kleinen Band unter die Menschen zu bringen. Durch die sehr große Liebe zwischen meiner Frau und mir kam es auch zu wunderschönen Liebesgedichten. In der Vorbereitung zu dem ersten Band kam der Gedanke, dass auch Gedichte meiner Frau dabeisein konnten. Prompt kamen ebenfalls sehr schöne Glaubensgedichte und Lebensbeschreibungen mit dazu.

Durch die wunderbaren Wege Gottes ereignete es sich als Gebetserhörung, dass ein gläubiger, junger Mann namens Marvin Klein, den wir inzwischen auch zu unseren Freunden zählen dürfen, dieses Buch mit großem Eifer für uns herstellte.

Diese Verse, die schon seit Jahren übergroßes Lob fanden; die Trost spenden, Probleme bewältigen helfen, Freude wecken, Tipps für Eheleben und Freundschaft geben — und nicht zuletzt Trost durch Gott selbst und den Weg zu Ihm, unserm Herrn Jesus — aufzeigen, haben Sie hier als Band in Ihren Händen.

Viel Spaß beim Lesen und alles liebe,

Ihre R. & S. Förster

Im grauen Nebel blüht der weiße Flieder

Im grauen Nebel blüht der weiße Flieder,
und unter'm blauen Himmelszelt
vergeh'n die Rosen auf dem Beet
    vor unserer Laube.
Im hellen Sonnenschein verfault —
im Schatten dieses Lichts
    — die letzte Traube.

Ich schaue in dein Angesicht,
doch dieser Blick kommt nicht zurück,
    — ergreift die Flucht,
er hat es schon einmal versucht
und musste schließlich weinen —
die Tränen sah selbst einer nicht.

Ein neuer Frühling zieht ins Land,
reiche ihm doch deine Hand,
schenke ihm doch dein Vertrauen,
lass doch die Sonne auf dich schauen,
— auch wenn der Regen fällt —
die Sonne, der dein Blick so fehlt.

Abseits

Sind wir es wert, geliebt zu werden,
wir, die im Grunde nichts bedeuten
und so voller Sehnsucht sind,
dass alle Menschen Brüder —
oder Schwestern werden.

Können wir denn noch verstehen,
was uns selber nicht betrifft,
leider wissen doch die Meisten
nur, was beim Fußball „Abseits" ist.

Im Abseits gibt es niemals Tore
und ohne Tore kein Gewinn.
Ist so denn nicht das ganze Leben,
hat „Abseits stehen" einen Sinn?

Viele Menschen steh'n im Abseits,
im Grunde doch vielleicht auch Du,
wohl niemand ist voll integriert
und da ist auch nicht Einer,
der sagt, er könne selbst etwas dazu.

Es gibt im Grunde keine Seele,
die sich voll verstanden fühlt
und nicht eine, die voll versteht,
doch es gibt eine große Hoffnung,
weil das halt auch anders geht.

Versuche doch mal, das zu geben,
was dir selber fehlt:
Sprich doch aus, was Dich bedrückt,
man kann doch über alles reden,
und ist vielleicht bald sehr beglückt.

Der Friede Gottes

Der Friede Gottes stillt das Weh,
das ich in meinem Herzen,
legt sich wie Balsam auf's Gemüt
und heilet meine Schmerzen.

So viele Fragen stellen sich:
Oh Herr, wie ist es richtig,
was soll ich denken, soll ich tun,
was ist gut und was ist nichtig?

Ich, ach, bin nur ein schwacher Mensch,
mit vielen Schwierigkeiten.
Kann ich mich ganz Dir anvertrau'n?
Dann will ich mich bereiten.

Und bin ich bei Dir angelangt,
und werd' ich vor Dir stehen,
kannst Du Dich über mich dann freu'n?
und ich vor Dir bestehen?

Auf alle Fragen, die ich hab',
weiß Christus wohl die Antwort,
in Ihm ist das Ja und das Amen
und sonst an keinem ander'n Ort.

S.F.

Alle einsteigen!

So ruft der Engel an jeder Station,
das ewige Leben ist der Lohn;
in dem langen Zug zur Herrlichkeit,
die weder Raum kennt, noch Zeit.

Jesus, der Steuermann fährt ihn zum Ziel,
doch nur der steigt ein, der es will.

Sünde bekennen ist fast schon genug,
Unzucht bereuen, — Mord und Betrug.
Steig' ein in den Zug zur Herrlichkeit.
Sag' Ihm, deine Schuld, die tut dir Leid.

Lebe mit ihm und glaub' fest daran;
fang' ein neues Leben noch heut' mit ihm an!
Steig' ein in den Zug zur Herrlichkeit
denn das gibt's auch für dich in Ewigkeit.

Ja, steig' ein in den Zug zum Paradies
und nimm mit, wer irgend noch mitfahren mag.

*„Wundere dich nicht, dass ich dir sage: Ihr müsst von
oben geboren sein."*

Johannes 3:7

11

Als ich am Boden lag

Du Gott, Vater, Herr des Himmels,
gehe nicht an mir vorbei,
meine Seele liegt am Boden,
neig' Dein Ohr zu meinem Schrei!

Drückend liegen graue Wolken
auf dem verzagenden Gemüt.
Ob für mich noch, ja für mich noch
irgendwo 'ne Blume blüht?

Lass die Strahlen Deiner Liebe
still und warm in mich eingeh'n,
kümm're Dich um meine Nöte,
lass mich nicht so hilflos steh'n.

Ja ich weiß, ich hab da einen,
der um mich ist tief bewegt:
Gott, der Vater, Herr des Himmels,
er ist's, der mich hegt und pflegt.

Der hat noch keinen einz'gen Menschen
allein gelassen in der Not.
Er liebet alle, die ihn lieben,
und ist getreu bis in den Tod.

S.F.

In des Krankenhauses Tagesraum
ist dieser Traum entstanden

*D*en wolkenlosen Himmel
kann ich nicht sehen,
weil ebensolche ihn verdecken.
Meine Augen richten sich gen Süden
    und sehen kaum
die Spitzen von den Tannenbäumen.
Geplagt von einem Simmungstief,
versuche ich trotz alldem
etwas Liebliches zu träumen.
Doch etwas hindert mich an diesem Traum;
denke ich doch stets daran,
dass nichts mehr ist, wie es begann.

*A*tomare Strategien,
programmierte Instruktionen
schalten jeden Fehler aus;
    wo gibt es heut' noch Frischgemüse,
wenn nicht aus Konservendosen,
wo weidet heute noch ein Bulle
    auf der Wiese?

Es war schon immer so,
dass die Alten alle sterben,
die Jungen immer älter werden.
Doch wo bleibt die Großfamilienhierarchie?
Wo bleibt die Ruhe vor dem Hetzen?
Muss heute denn nicht beides schon
die Psychotherapie ersetzen?

Lange kann es nicht mehr sein,
dann führt man die gesetzliche —
künstliche Befruchtung ein.

Es tut mir leid, ich möchte nämlich
nicht so viel versäumen;
versetz' mich in die alte Zeit
und versuche jetzt, davon zu träumen.

R.F.

15

Such' Ihn im Gebet

Manchmal kommt es vor,
dass man gar nicht weiß,
dass auch Kümmernis,
Verzweiflung kalt und heiß,
Dinge, die man scheut,
die man tief bereut,
die ein'n ständig quälen;
darf man Gott erzählen,
ausschütten blind
vor dem Herrn der Welt,
der die ganze Welt,
durch sein Wort erhält.

Ja, mein Freund, der Schritt,
der getan muss sein,
ist überhaupt nicht schwer,
nein, er ist ganz klein:
Klopfe nur leise an,
der Herr ist drauf und dran
mit Lieb' Dich zu beschenken,
Dir Hilfe zuzulenken.
Und Du erfährst:
Einer ist bei Dir,
der liebt Dich für und für
und öffnet Dir die Tür.

Dann bist Du befreit
von der großen Last,
dann bist Du erstaunt,
wen Du im Himmel hast,
der Dich gnädig hört,
der Dich reich beschert;
Der ist deine Stärke,
ist immerdar am Werke.
Quält Dich die Schuld?
Gott macht alles gut,
Jesus Dir zugut
Vergoss am Kreuz sein Blut.

Vertrau' ihm allezeit,
und such' ihn im Gebet.
Du weißt doch, dass Du nie
umsonst zu ihm gefleht.
So gib dich doch dran
und fang einfach an,
die Sorgen Gott zu sagen,
er will sie Dir ja tragen.
Was dann geschieht:
Das tut der Herr,
der liebt dich so sehr
in dem großen Völkermeer.

S.F.

16

Wenn du mit Gott gehst

Wenn du mit Gott gehst und du Ihn anflehst in deiner Not;
dann gibt er dir Frieden, dann stillt er deinen Schmerz
    und erfreut auch dein Herz.

Und denkst du, es wird für dich keine Zukunft mehr geben;
    hast du kein Bett, kein Brot und nichts mehr an deinem Leibe;
    ruf' Jesus an im Fleh'n und Gebet,
    Er gibt dir, was du brauchst und auch eine Bleibe.

    Quält dich dein Leben mit Kummer und Pein,
        fließen Tränen von deinem Gesicht;
        suchst du einen Freund, der dich begleitet,
        der dir Mut macht und dich versteht;
        flehe zu Jesus, der im Himmel wohnt
        und der Treue zu ihm auch immer belohnt.

Zählst Du die Stunden

Zählst Du die Stunden, die Du lebst,
und fühlst die Wunden, die man Dir angetan,
Siehst Du das Glück dort nebenan,
und ist es das, wonach Du strebst?

Bist Du allein in Deinem Zimmer,
und hast Du keinen Hoffnungsschimmer,
suchst Du den Frieden und die Freude,
    für immer?

Sehnst Du dich nach Geborgenheit,
bist Du manchmal Dein Leben leid?
Möchtest Du leben wie im Paradies,
dann gibt es nur eins, und das ist dies:

Falt' Deine Hände und bitte Gott:
Hol' mich heraus aus meiner Not.
Lass mich beginnen ein Leben mit Dir,
meins will ich Dir geben und ich bereu' es,
Herr, ich bitt' Dich, schenk' mir ein Neues.

Glaube nur, und der Herr wird Dir helfen,
suche Gemeinschaft mit anderen Christen,
erfahre die Liebe, die schon mancher erfuhr,
auch wenn Du das jetzt gar nicht fassen kannst;
Glaube nur!

„Und wie, als Mose in der Wüste die Schlange erhöhte, so muss
der Sohn des Menschen erhöht werden, damit jeder, der in ihn
glaubt, nicht dahingegeben sei, sondern ewiges Leben habe.
Denn so liebte Gott die Welt, dass er seinen Sohn, den einzigen,
darbot, damit jeder, der in ihn glaubt, nicht dahingegeben sei,
sondern ewiges Leben habe."

Johannes 3:14—16

Morgen

Morgen können wir uns sehen,
doch morgen, ist das nicht zu spät?
Was kann bis morgen noch geschehen,
ach, hätt' ich gestern schon gesät.

Morgen, hast du mir gesagt,
morgen darf ich zu dir kommen,
gerne habe ich's vernommen
jedoch hab ich mich auch gefragt,
warum hast du nicht heut' gesagt.

Wenn wir uns morgen nicht begegnen können,
weil vielleicht etwas geschieht,
was, ich will es zwar nicht hoffen,
    einen von uns beiden
mitten aus dem Leben zieht,
was haben wir dann heut' versäumt,
wir werden's nie ergründen können.

Morgen liegt noch in so weiter Ferne,
ich hab' dich aber heut' schon gerne.
Du hast so schnell noch kein Vertrauen,
    ich kann's versteh'n,
doch sagen etwa auch die Sterne,
dass sie ab heut' erst morgen leuchten.

*W*as kann bis morgen nicht passieren,
warum denn immer Zeit verlieren.
Morgen ist, in meinen Augen,
    ein Schritt zurück;
denn morgen kannst du mir nicht geben,
was ich heute brauch' zum Leben,
und damit nur ein halbes Glück.

*M*orgen, das ist ein Funken Hoffnung,
ein Tropfen auf den heißen Stein,
ist der laute Ruf im Stillen,
warum kann heut' nicht morgen sein?
Ein Wunsch von mir würd' außerdem
vielleicht sich nie erfüllen;
denn hätt' ich morgen Geld und Gut,
dann wüsste ich doch wohl nie mehr,
ob du mich willst um meinetwillen.

Jesus spricht: „Dies habe ich euch gesagt, damit ihr in mir Frieden habt. In der Welt habt ihr Bedrängnis, doch seid getrost — ich habe die Welt überwunden!"

Johannes 16:33

Es steht eine Rose am Wegesrand

*E*s steht eine Rose am Wegesrand,
und neben sich — tausend Vergissmeinnicht.
Die Sonne gab der Rose viel Licht —
und sie gab es den Vergissmeinnicht.
Die Rose stand mitten im Sonnenschein —
und wer sie kannte, der war nicht allein.

*E*s lebt die Rose nun von der Kraft
aus der Liebe, die Gott ihr schenkt.
Und von dem Wissen, dass in Liebe
so manches Vergissmeinnicht
sehr oft an sie denkt.

*E*s strahlt in der Welt ein großes Licht,
von der Rose und den Vergissmeinnicht.

R.F.

Friede, Kind

Friede Kind, Friede Kind,
 findest du nicht dorten,
 wo Menschen fröhlich sind
 an allen Orten.

Friede Kind, Friede Kind,
 findest du nur da,
 wo Gott den Einzug erhält
 so wunderbar.

Friede Kind, Friede Kind,
 hast Du noch nicht gefunden?
 Wo anders sollte er denn sein,
 als nur in Jesu Wunden.

S.F.

Geborgen

Bist du erwachsen
oder bist du ein Kind,
bist du die Sonne
oder bist du der Regen,
bist du gefangen
oder frei wie der Wind?

Sind deine Wege entschieden
und deine Weichen gestellt,
hast du immer nur Frieden,
auch wenn Kummer dich quält,
oder hast du auch Sorgen?

Bist du geborgen,
denkst du freudig an morgen?

Eins soll dir gewiss sein,
in deinen schweren Stunden —
wo ich auch bin, was ich auch tu',
ist's auch nur in Gedanken,
ich höre dir zu!

„Und er wird austilgen jede Träne ihrer Augen. Und der Tod wird nicht
mehr sein, noch Trauer, noch Weinen, noch Mühe wird mehr sein —
denn was vorig, verschwindet."

R.F.

Offenbarung 21:4

Denkt euch, ich habe den Himmel geseh'n

Denkt euch, ich habe den Himmel geseh'n
und war in einer Stadt aus edelsten Steinen,
die leuchteten in der Sonne so schön!
es leuchtete mir Gottes Herrlichkeit —
    in dem hellsten Glanz
und ich tanzte meinen schönsten Freudentanz.

Ich sah meine Braut im wärmsten Sonnenschein,
tausendmal schöner als könnte es je auf Erden sein.
Es gab keine Tränen und kein Leid;
es war und ist Freude ohne begrenzte Zeit,
vergessen war auch die schönste Erdenzeit.
Denkt euch, ich habe den Himmel geseh'n —
und es war so wunderschön.

Und ich sah einen Strom — klar wie Kristall
voll lebendigem Wasser, mit blühenden Bäumen.
An seinen Früchten, süß und prall,
konnt' ich mich laben und selig träumen.
Es gab keine Nacht mehr, denn es leuchtete mir
Gottes Herrlichkeit; ewig, immer — alle Zeit.
Denkt euch, ich habe den Himmel geseh'n —
und es war wunder, wunder, wunderschön.

25

Jesus ist ein treuer Hirte

Jesus ist ein treuer Hirte,
denn das Schäflein, das verirrte,
führte er aus Nacht zum Licht.
Gott hat uns den Sohn gegeben,
der für uns gab hin sein Leben,
dieser eine, Jesus Christ.

Diese Welt kann dir nichts bieten,
schaust du hin, sind's nichts als Nieten,
bist umsonst ihr nachgejagt.
Gottes Schätze sind verborgen,
doch bald strahlt ein neuer Morgen,
wenn des Lammes Hochzeit tagt.

Dann die Nöte müssen schweigen,
denn die hier sind Gottes Eigen,
sind mit ihm im Paradies.
Willst du denn noch länger warten,
willst du nicht mit Jesus starten,
Seele, oh bedenke dies.

Bald wird Jesus wiederkommen,
heimzuholen seine Frommen,
dann strahlt ihnen ew'ges Glück.
Alles Böse, alles Schwarze,
aller Schrecken, alles Harte,
liegt dann hinter uns zurück.

S.F.

Er macht, Er kann

Er weist der Sonne Lauf und Bahn,
Er wehrt den Winden, ja, Er kann,
Er macht aus Wellen sanfte Meere
und zündet spät im Mond ein Feuer an.
Er lässt werden tiefe Täler und hohe Höh'n
und — Er macht dich unheimlich schön.

Er schenkt den Glanz bei Frau und Mann,
den nur einer schenken kann,
Er gibt dem Käfer das Leben
und auch dem Krokodil.
Er liebt die Menschen, ja, er stirbt für die Sünder,
wend' dich an Ihn, Er hat Reichtum so viel.

Er heilt die Kranken,
die Stummen und Tauben,
Er liebt die Menschen:
junge, alte und Kinder.
Und als Maria und Petrus
Ihn im Grab nicht mehr fanden,
da schrien sie es laut hinaus:
Er ist wahrhaftig auferstanden!

Bald wird Er kommen in den Wolken,
wird der Posaune Schall ertönen.
werden alle, die so lang sich nach Ihm sehnen,
flugs befreit von Angst und Tränen.
Dann wird ein jeder auch bei jedem seh'n:
Oh Mensch, du bist unheimlich schön!

Vollkommenes Glück

Am Tag, als der Herr auf die Erde kam,
und alles Leid ein Ende nahm,
da war vollkommen das Glück...

Er konnte nicht sehen,
er konnte nicht hören,
doch der Herrscher der Welt
konnte ihn betören.

Er konnte nicht lesen,
er konnte nicht schreiben,
doch bei dem Herrn der Welt
wollte er immer bleiben.

Sie konnte nicht lachen,
sie konnte nicht singen,
doch bei dem Herrn Jesus
konnte sie vor Freude
    hüpfen und springen.

Sie konnten nicht sehen.
Sie konnten nicht hören.
Sie konnten nicht lesen.
Sie konnten nicht schreiben.
Sie konnten nicht lachen.
Sie konnten nicht singen.

Doch das alles haben sie bekommen —
sie haben den Herrn Jesus
einfach angenommen.

Am Tag, als der Herr auf die Erde kam,
und alles Leid ein Ende nahm,
da war vollkommen das Glück...

R.F.

Königtum Jerusalem

Endlos blauer Himmel und laue Lüfte
umgeben Rosendüfte
und auf grasgrünem Rasen blühen
    Gänseblümchen
und endlos viele Schäfchen grasen.

In der heißen Sonne glitzern
    Leitersprossen,
die in den Himmel ragen
und saftige Äpfel und süße Feigen
sind Speise hier für meinen Magen.

Drei hellblaue Pferdewagen
gezogen von zwölf weißen Pferden
fahren durch die goldenen Gassen;
Kinder spielen auf den Plätzen,
nein, ich kann mein Glück nicht fassen.

Ach, heilige Stadt, geschmückte Braut;
Gottes Sohn, dem im Leben ich vertraut,
hat mir dieses Paradies,
hat mir diese Stadt gebaut.

Hier werden leben für endlose Zeit,
ein jeder, der dem Herrn Jesus
im Leben vertraut.

Dann werden Lahme wieder gehen,
dann werden, die im Abseits standen,
wieder in der Mitte stehen.

Der Herr allein wird König sein;
alle Völker werden's seh'n
im Königtum Jerusalem.

Wenn ein Mensch das Licht der Welt erblickt

Wenn ein Mensch das Licht der Welt erblickt,
und die Mutter es so ganz verzückt
ganz zärtlich in den Armen hält,
und es behütet, dass es froh wird auf der Welt.
 Dann lobet Gott am Tag und in der Nacht,
 denn nur der Herr hat es gemacht.

Und wenn das Kind dann aufwächst und gedeiht
und geht durch Freude, Glück und manches Leid,
dann fragt's vielleicht mal nach des Lebens Sinn,
und es erkennt, er führet nur zu Jesus hin.
 Dann lobet Gott am Tag und in der Nacht,
 denn nur der Herr hat es gemacht.

Wenn dieser Mensch dann Jesus ganz erfährt
und täglich sich vom Worte Gottes nährt,
der Friede Gottes legt sich in sein Herz
und führt durch Freude, Leid und Schmerz.
 Dann lobet Gott am Tag und in der Nacht,
 denn nur der Herr hat es gemacht.

Und wenn das Herz in Seiner Liebe glüht,
zu tun im Sinne Jesu sich bemüht,
dann ist erfüllt der Mutter Traum,
lebt er in Herrlichkeit vom Lebensbaum.
Dann lobet Gott am Tag und in der Nacht,
denn nur der Herr hat es gemacht.

„Und er zeigte mir einen klaren Strom von Lebenswasser — hell
wie Kristall — ausgehend von dem Thron Gottes und des Lammes
— in der Mitte ihres Platzes. Und zu beiden Seiten des Stromes
ein Lebensbaum, der zwölf Früchte trägt — der jeden Monat seine
Frucht bringt — und die Blätter des Baumes dienen zur Heilung
der Völker.“

Offenbarung 22:1–2

Ich sah in treue Kinderaugen

Ich sah in treue Kinderaugen,
die nichts vom Glück geseh'n;
die konnten oft die Welt nicht mehr versteh'n.
Ich sah in ihre Augen
und habe dort das Glück geseh'n.

Ich sah' oft Teenageraugen
traurig durch die Straßen geh'n;
die oft enttäuscht im Leben keine Freunde fanden;
ich habe im Lichte Gottes sie geseh'n —
und konnte strahlende Augen seh'n.

Ich sah' einen Mann in Not
traurig durch die Straßen geh'n;
ich sah' die hungrigen Augen —
ohne Liebe, ohne Brot.
Ich gab ihm beides — und konnt' in seinen Augen
sein Herz und Seele frohlocken seh'n.

Ich sah' einen Alten
  krank und verzagt seines Weges geh'n; —
  ich sah' seine traurigen Augen,
  und konnte ihn so gut versteh'n. —
  Ich sagte, ich will mein Brot mir dir teilen; —
  da habe, — ich in seinen Augen —
    Jesus geseh'n.

„Ich bin der gute Hirte, und ich kenne die meinen und
 bin bekannt unter den meinen."

Johannes 10:14

Menschenkinder

Sie sitzen in Nischen und Ecken,
mit Wermut oder Whisky pur.
Dort sind sie fast am Verrecken,
doch lieben sie die Natur.

Sie sind geplagt von Angst und Depressionen,
oft arm und am Leben verzagt,
mancher meint, dass sie sich nur schonen,
doch es ist schwere Not, die sie plagt.

Sie reisen der Sonne entgegen —
und leben genüsslich am Strand,
in Hotels lassen sie sich verpflegen,
doch bauen sie meistens auf Sand.

Sie stehen an Spielautomaten
und prüfen dort ihr Geschick,
Frau und Kind sind weinend am warten,
und das Ganze nennt sich dann Glück.

Manche singen und beten,
sie lesen in Briefen und Propheten
und glauben an Gott, der da hilft
aus allem Kummer und allen Nöten.

Warum regiert Brutalität

Warum regiert Brutalität,
wer wehrt ihr, dass sie schweige?
Der Unschuldige muss vergeh'n
In bitt'rem, bitt'rem Leide.

Wer hört der Kinder stummen Schrei
unter der Mutter Herzen?
Noch ehe sie das Licht erblickt,
vergehen sie mit Schmerzen.

Gesaugt und abgesaugt, zerfetzt,
zerstümmelt ihre Glieder!
Die nie das Licht der Welt erblickt,
kaum sind sie, geh'n sie wieder.

Oh Gott, sieh Du mit Deinem Aug'
hinab auf uns're Erde!
Unschuldig litt Dein Sohn für uns,
damit uns Frieden werde.

S.F.

Die Erde ist ein Feuerball

Die Erde ist ein Feuerball,
Kummer und Not ist überall.
Die Menschen leben in der Gottesferne —
und über uns, da leuchten die Sterne.

Der Mond fängt an zu weinen —
und beginnt zu träumen —
von einer Welt wie im Paradies,
wie sie bei Jesus zu finden ist.

Da liegt in einem engen Zimmer
ein kleines Mädchen und ist am Wimmern;
ein alter Mann vergeht sich an ihr
und ist sehr brutal in seiner Gier.

Und der Mond fängt an zu weinen —
und beginnt zu träumen —
von einer Welt wie im Paradies,
wie sie bei Jesus zu finden ist.

Da ist ein Weib, das tötet ihr Kind,
weil Ärzte es saugen aus ihrem Bauch —
und es töten im Mutterleib;
wo solche Sünden zu finden sind,
da können die Menschen keine Ruhe mehr finden.

Und der Mond fängt an zu weinen —
und beginnt zu träumen —
von einer Welt wie im Paradies,
wie sie bei Jesus zu finden ist.

Da ist eine Welt, in der das Unrecht wohnt,
und die Menschen werden vor Leid nicht verschont.
Eine alte Frau, die bettelt um Brot —
doch die Blicke der Menschen schlagen sie tot.

Diese Welt ist brutal und gemein —
doch bei Jesus wird es einst besser sein —
wende dich zu ihm in einem Gebet,
doch tu' es, solange dein Herz noch schlägt.

R.F.

„Du sollst nicht morden."
2. Mose 20:13

Frohe Botschaft im Lied

Ihr Übeltäter, ihr Gottlosen alle,
stehet ab von euren Gedanken,
lasset von euren bösen Wegen,
bekehrt euch, denn Gott ist an Vergebung so reich.

REFR.: Klatscht in die Hände
lobpreiset den Herrn
frohlocket und jauchzet
ihr Berge und Hügel
klatscht in die Hände
ihr Bäume des Feldes
klatscht in die Hände
lobpreiset den Herrn.

Denn meine Gedanken sind nicht die Euren
und eure Wege sind nicht die Meinen,
so hoch wie der Himmel ist über der Erde,
so hoch sind meine Wege und Gedanken über euren.

Wie Regen und Schnee fallen auf die Erde
und kehr'n nicht zurück, sondern tränken sie,
so soll auch das Wort sein aus meinem Munde,
es kehrt nicht fruchtleer zu mir zurück.

Denn ihr sollt auszieh'n in herrlicher Freude,
im Frieden geleitet sollt ihr zieh'n,
Zypressen sollen euch wachsen statt Dornen,
Myrten gedeihen statt Unkraut und Nesseln.

Dem Herrn soll's geschehen zu seinem Ruhme,
zum ewigen Zeichen, das nie soll vergeh'n.
Dem Herrn soll's geschehen zu seinem Ruhme,
zum ewigen Zeichen, das nicht soll vergeh'n.

S.F.

Jesus, Licht der Welt

Herr Jesus Christus, Gottes Sohn,
Du kamst von Deines Vaters Thron
hinab auf uns're Erde.
Du wurdest Mensch, ein Mensch wie wir,
dass jeder, der nun glaubet Dir
ganz neu geboren werde.

Du gabst Dich selbst zum Opfer hin,
damit ich rein gewaschen bin
von aller Schuld und Sünde.
So jeder Dich nun finden kann,
ein neues Leben fangen an,
das sich in Dir nur gründe.

Du warst bei Gott in Seligkeit,
doch Du warst willig und bereit
den Himmel zu verlassen.
Du achtetest es nicht als Raub
Gott gleich zu sein, Du wurdest Staub,
wie alle Menschenrassen.

Zu uns kamst Du, Du wardst uns gleich,
um uns zu holen in Dein Reich
am Ende aller Zeiten.
Nun sind wir Dein in Ewigkeit,
weil Du, Herr Jesus, warst bereit,
die Strafe zu erleiden.

Am Kreuz fand Dein so seliges
in Ewigkeit gepriesenes
Leben ein schrecklich Ende.
Doch war es nicht für immer aus.
Gott rief Dich aus dem Tod heraus,
dass jeder Dich nun fände.

So heißt es noch für jedermann:
Klopf' leise nur bei Jesus an,
er wird dich nicht wegschicken.
Bring' ihm nur alle deine Sünd',
und du wirst sehen, noch zur Stund':
Er wird dich reich beglücken.

So sagt es weiter, ruft's hinaus,
mit dem Tod ist nicht alles aus,
wir gehen durch ihn ins Leben.
Nehmt Jesus hier und heut' noch an,
kommt mit auf diese Freudenbahn,
ihn ewig zu erleben.

S.F.

Herr, Deine Güte

Herr, Deine Güte reicht
so weit der Himmel ist,
und Deine Wahrheit
so weit die Wolken geh'n;
hab' Dank, das Dunkle weicht,
in Deinem Licht wir steh'n.
Wer immer bleibt beim Herrn,
der ist ein froher Mann.
Wer ihm hier dient so gern,
ist einmal besser dran.

REFR.: Schau her, mein Freund,
wenn Dich die Sünde plagt:
Hier ist das Gotteslamm;
Jesus sein Leben wagt'.

Weißt Du, wie schön es ist,
ewig beim Herrn zu sein,
wo es kein Leid mehr gibt,
auch Sünd' und Tod nicht mehr
und nur noch Sonnenschein.
Komm Du doch auch hier her,
wo wir uns sammeln schon,
und laden alle ein,
um, wenn es sichtbar wird,
ewig beim Herrn zu sein.

Wann ist es, Herr, so weit,
dass Du uns holst zu Dir
und trocknest alle Tränen,
die wir hier geweint.
Wir kommen heim zu Dir;
wir sind mit Dir vereint.
Dann klingen Jubellieder
vor des Höchsten Thron.
Wir loben Gott durch Jesus,
seinen lieben Sohn.

S.F.

Bruder, Schwester sein

Danke, Herr, dass Du uns liebst,
danke, dass Du uns vergibst.
Was wir taten ohne Dich,
das geriet ganz jämmerlich.

Wandle unsern kranken Sinn
mehr Deinen Gedanken hin,
dass wir immer mehr verstehen,
Deinen Wegen nachzugehen.

Unsre Herzen sind sehr dick
und es fehlt uns oft der Blick
für die Gnade, die auch du
wendest unserm Bruder zu.

Lass uns lernen gütig sein,
dann nur sind wir mit Dir ein.
Nimm uns unser krankes Herz,
mache fleischern, was von Erz.

Du, Herr, wendest viel daran,
dass wir stetig streben an:
Brüdern, Schwestern Bruder sein
und der ganzen Welt gemein.

S.F.

Die Blumen von dir

Die Blumen von dir,
  die jetzt langsam welken,
  erzählen mir einen schönen Roman,
  dessen Ende wir nicht kennen.

Leider scheitern die Versuche,
  dass ich dich durch sie erkenne.
  Meine Ohnmacht schlägt zu Buche;
  und es ist auch nicht etwa so,
  dass ich nur eine dieser Blumen
  mit ihrem Namen nennen kann.

Jedoch sie sind Erinnerung
  an eine frohe Stunde,
  mit ebensolchen Tränen;
  und flüstern weiter mir ins Ohr,
  dass ich dich doch langsam
  mal begreifen möchte.

So werde erstens ich jetzt
  ihnen frisches Wasser geben.

Befreit von Schuld

Einst war mein Leben voll Sünde und Schuld,
doch fand mich Gottes Güte und Huld.
Er zeigte mir: Jesus starb für Dich,
am Kreuze tat er alles für Dich.

Da wurde mein Leben so froh, so reich,
er ließ mich schau'n Tiefen, die keinem gleich,
er segnete mich auf jedem Pfad,
er wirkte in mir die Frucht seiner Gnad'.

Doch Satan wollte nicht, dass ich nun frei.
Er sandte viel Übel für mich herbei:
Erneut fiel ich tief in der Sünde Schmutz,
hatte kein Auge mehr für Gottes Schutz.

Doch Gott ist so groß, an Güte so tief,
da, wo ich irrte, wo ich mich verlief,
ließ seine Hand nicht von mir ab,
ließ er mein Auge nicht schauen das Grab.

Weil seine Lieb' so unendlich groß,
und weil sein Sohn für mich sein Blut vergoss,
weil er stets hörte mein flehentlich Schrei'n,
soll mein Leben für ihn nur noch sein.

S.F.

Ein Frühlingsgedicht

Frischer Frühlingsduft liegt in der Luft
und vom Himmel lacht die Sonne,
überall schon Knospen sprießen —
nur ich konnt' das nicht genießen.

Immer noch ein großes Stück
war ich entfernt von Freud' und Glück.
Mich quält' die Angst, mich quält' der Wahn,
hatt' nichts, sei's auch nur für den hohlen Zahn,
fühlt' mich allein und weit zurück.

Doch eines Tages kam die Wende,
da nahm das Elend bald ein Ende,
ich brauchte nur mein Herz Ihm geben,
Er schenkte mir dafür das Leben;
ich reichte einfach der Liebe die Hände!

Viele Jahre sind seitdem vergangen,
und ständig wuchs der Frieden und das Glück;
und was ich damals angefangen,
davon weich' ich keinen Schritt zurück.
Und ich juble voller Wonne,
denn vom Himmel lacht die Sonne.

Gnade für mich und dich

Als ich ein Kind war, hört' ich von Gott,
wollt' mit ihm leben, hört' sein Gebot.
Doch ich erkannte: ich schaff' es nicht,
wurde sehr traurig, hatt' Angst vorm Gericht.

Die Jahre vergingen, gingen so hin;
ab und zu kam mir Gott in den Sinn.
Ich fragte mal hier und fragte mal da,
bekam keine Antwort, nichts war mir klar.

Doch da kam ein Mensch, der sprach ganz genau
von der Erlösung ... und sagte: Schau,
hier ist ein Buch; darinnen spricht der,
der alles schuf; Erd', Himmel und Meer.

Nun ging ich hungrig und dürstend daran,
die Bibel zu lesen und sieh nur an:
Ich fand geschrieben, ich wusste es nie:
All' meine Sünden — Jesus trug sie.

Jetzt weiß ich sicher: 's ist alles nur Gnad'.
Ewig wird leben der, der sie hat.
Du kannst sie haben, sie ist für Dich da:
Für Dich starb Jesus auf Golgatha.

S.F.

Frei

Einst haben Ängste mich geritten,
einst war mein Leben sehr begrenzt, —
blauer Dunst hat mich umgeben,
ach, wie schwer war doch das Leben.
Ja, ich konnt' mit dem Verhalten
meine Sinne und den Glauben spalten.

Ach, ich hab' es nicht gerafft,
hab' aufgehört und doch gepafft,
Ängste, Husten, schwacher Glaube —
mehr hat's kaum für mich gegeben,
nein, so war's nicht schön, das Leben.

Doch dann nahm einst den Kampf ich auf
und hörte auf zu rauchen.
Oh, wie war das oft so schwer ...
doch Sabine liebte ich sehr
und für sie ließ ich es sein.
Sie sagte: Sonst bin ich so früh allein.

Und dann begannen neue Zeiten:
Ich sah unendliche Unendlichkeiten,
ich sah die schönsten Himmelswelten
und ich fing an, mehr zu gelten,
und wurde augenblicklich
        sehr glücklich.

Nächtliche Symphonie

So still ist alles jetzt, so traut,
so lieblich und so hold.
Die Nacht ist eingebrochen nun,
so schön und rein wie Gold.

Die Menschen liegen jetzt und ruh'n
von ihres Tages Last.
Sie ruhen und genießen ihre
wohlverdiente Rast.

Und ich allein, ich sitze hier
und schreibe ein Gedicht.
Ich denke, träume, sinne nach
und traurig bin ich nicht.

Nun bin ich ganz für mich allein,
so fern von Weh und Leid:
Es kommt mir vor, es ist mir so,
wie ein Stück Ewigkeit.

Mein Vater, der im Himmel wohnt,
hält über mich die Wacht.
Ja, Er erquicket meine Seel,
hat sie ganz froh gemacht.

Mein Herr und Gott, Du Heiland mein,
bleib ferner auch bei mir,
dann will ich Dir so danken,
meine Lieder singen Dir.

S.F.

Gedicht zu Psalm 91

Wer unter dem Schirm des Höchsten sitzt;
in einer Sommernacht —
eine leichte, kühle Brise
erfrischt die Abendluft
umhüllt von frischem Blumenduft
   und grünen Bäumen
sitzen wir — Sabine und ich —
   und träumen.

Aus dem Zimmer klingt Musik;
   Lichter hier und da
schimmern durch die dunkle Nacht,
schmälern und fördern unser Glück,
   wir träumen...

„Meine Zuversicht und meine Burg,
mein Gott, auf den ich hoffe."
Unter einem roten Schirm
ist der Balkon mir eine Burg.
In meinem Kopf, da spiegeln sich
    vergangene Zeiten,
wie ein Traum zieh'n sie vorbei.
Schön sind sie, wunderschön,
und fast gleich — ich schätze mal —
    dem Himmelreich.

Ein Hauch von Ewigkeit liegt in der Luft —
Blumenduft und grüne Bäume,
unter einem roten Schirm,
wir träumen...

R.F.

Dank an Gott zu Psalm 139

Weil du mich kennst
und meine Gedanken weißt;
du verstehst mich von ferne
und du hast mich gerne,
und schenkst mir alle Sterne dieser Welt.
Oft geschieht's, dass ich weine,
weil du mir die eine,
in einem kostbaren Geschmeide,
schenktest zur Frau.

Du ließest dich finden,
    vergabst alle Sünden.
Du umhegst mich und pflegst mich
und hältst deine Hand über mich.

Ach, ich möcht' noch erwähnen,
dass dankbare Tränen fließen dahin —

Du schenktest Glück und Erfüllung
und in schlimmen Problemen
des Sturmes Stillung.
Du kanntest mich von Ewigkeiten,
und vor ewigen Zeiten
sahen mich deine Augen
mit einem liebenden Blick
und führten mich zurück
von der Sünde ins Glück.

Herr, verzeih', dass ich weine.
Du weißt, wie ich's meine.
Ich bin von dir entzückt
und ich weine vor Glück.

Oh Jesus, Du getreuer Hirte

Oh Jesus, Du getreuer Hirte,
Du gehst zu den Schafen ein,
Du kennst sie, ja nur Du allein.
Oh Jesus, Du getreuer Hirte,
lass mich doch auch ein bisschen
Hirte sein.

Oh Jesus, Du getreuer Hirte,
ein jedes rufest Du mit Namen —
und sie kennen Deine Stimme
und sie gehorchen ihr allein —
Du führest sie zu frischen Wassern.
Ach Herr, ich bitt' Dich, lass mich
ein bisschen Stimme Deiner
      Schafe sein.

Oh Jesus, Du getreuer Hirte,
Du tauschst Dein Leben für Deine
      Schafe ein.
Und will der böse Wolf eins reißen,
holst liebend Du es wieder ein —
zu frischer Weide, Du allein.
Ach Herr, laß mein Leben
auch mit für Deine Schafe sein.

Oh Jesus, Du getreuer Hirte,
Du bist der Herr, wir Deine Lämmer.
Und kommt der Dieb von hinten ein
und will eins stehlen so gemein,
dann holt es Deine Liebe ein.
Ach Herr, laß doch mein kleines Leben
im Dienst für Deine Herde sein.

61

Lieber Vater, Du im Himmel

Lieber Vater, Du im Himmel,
ewig reicher Herr,
lange schon darf ich Dich kennen,
lang, lang ist's her ...

Du fandst mich einst wie ein Schaf
in großer Einsamkeit.
Jeder war sich selbst der Nächste
weit und breit ...

Aber dann, Herr, tratest Du
in meinen Weg, mir wurde klar,
dass Du lebst und uns sehr lieb hast,
ja, ja, wie wahr ...

Seitdem geh' ich nicht alleine
durch die weite Welt.
Einer ist beständig bei mir,
das, ja das zählt ...

Und im richtigen Moment, Herr,
schenktest Du mir meinen Mann,
ach, wie bin ich Dir so dankbar,
ja, schau nur an ...

Nun sind wir bald dreißig Jahre
schon ein Ehepaar,
gehen nicht allein durchs Leben,
ach, wie wunderbar ...

Und für viele, viele Menschen
sind wir Freunde nun,
liebevolle, treu' Gemeinschaft
nun darauf beruh'n ...

So gehen wir dem Herrn entgegen,
doch wir wünschen sehr,
dass all uns're Angehörigen
kommen mehr und mehr ...

Einst im großen Himmelssaale,
wenn vollend't die Zeit,
klingt das große Halleluja
weit und breit ...

S.F.

Bei Gott geborgen

Sie sagte: Ich lebe auf der Erde,
ich kenne Freude und auch Leid.
Ich habe viele Sorgen
und kaufe mir ein Kleid.
Doch ich hab' da eine Frage:
Ist das für mich denn nicht zu viel?
    Und dann —
sah sie mich mit hellem Strahlen an.

Hier auf der Erde,
da gibt es manche Sorgen;
doch in der Ewigkeit,
da freu' ich mich auf jenen Morgen, —
und in dem Schoß von Abraham —
da fühle ich mich selig und geborgen
und bin ewig bei meinem Herrn,
zu träumen alle Zeit.

*D*och, mein liebes Mädchen,
   noch ist nicht die Zeit.
   Ich brauch' dich noch auf dieser Erde
   und wünsch' dir wenig Leid,
   sondern viele, viele Freuden;
   und sie beginnen hier auf Erden
   schon für die Ewigkeit.

*„Ein Freuen will ich mich freuen in dem Herrn
— meine Seele frohlocke in meinem Gott, denn
er hat mich gekleidet in Kleider des Heils —
ein Mantel von Gerechtigkeit hüllt mich; wie
ein Bräutigam priesterlich die Krone anlegt
und wie eine Braut ihres Geschmeides prangt."*
Jesaja 61:10

Wenn mich meine Kraft verlässt

Wenn mich meine Kraft verlässt; ach, wird das ein Freudenfest.

> Jung war ich; frisches Blut in meinen Adern.
> Doch lag ich krank auf meinem Lager.
> Und ich lag da voller Glück, doch mit den Kräften
>   war es mager.

Wenn mich meine Kraft verlässt; ach, wird das ein Freudenfest.

> So wuchs ich heran — und Gott war mir nicht fremd —
> und gab dem Fremden mein letztes Hemd.
> Kräfte hatte ich keine und es hielt mich auf Trab
>   die Kraft, die Gott mir gab.
> Es sagte, der die Schafe von den Böcken scheidet:
> Ich war nackt und ihr habt mich bekleidet.

Wenn mich meine Kraft verlässt; ach, wird das ein Freudenfest.

Geben war mein Leben und verschenken mein Denken,
und Gutes zu tun aus Gottes Kraft, das war mein Bestreben.
Brot zu teilen, wo Nöte verweilen, und Mut zu machen,
damit Menschen wieder lachen.
Es sagte, der die Schafe von den Böcken scheidet:
Kommt, erbt das Reich, das euch von Ewigkeit bereitet.

Wenn mich meine Kraft verlässt; ach, wird das ein Freudenfest.

*„Glückselig die Sanftmütigen, denn sie werden die Erde erben. Glückselig
die Barmherzigen, denn sie werden Barmherzigkeit erlangen."*
Matthäus 5:5.7

Glück und Freude für immer

Wenn meine Seele so still ist, so froh ist,
so ruhig da liegt, wie ein tiefer See;
wenn sich mein Herz über alles emporschwingt,
und Gott mich so froh macht auf dem Weg, den ich geh';

Wenn alles, alles viel besser und schöner,
viel glücklicher ist, als man jemals gedacht, ...
wenn wir alle so froh sind beisammen, ...
Herr, Gott des Himmels, dann Dank für diese Nacht.

Wenn alles Schwere einmal schweiget,
die Stunden so glücklich, die Stunden so reich,
die Klagen still sind und Gott sich neiget
mit seinem Ohr, dann ist alles so leicht.

Vater im Himmel, erhalte uns immer
das Glück und die Freude, die heut' uns umgibt,
dass man ganz sicher und jederzeit weiß,
dass man sich wirklich ganz inniglich liebt.

S.F.

Auf der Straße zur Gottseligkeit

Auf der Straße zur Gottseligkeit
ist manchmal schon das Paradies zu seh'n
manchmal nah, manchmal fern
    — und so dann und wann —
bleibt es bei uns steh'n.

Unser Leben ist Lieben und Vergeben
    — so viele Jahre schon —
und Gottes Antwort ist Lieben und Verzeihen
und gutes Gedeih'n
    — zu zweit —
auf der Straße zur Gottseligkeit.

Auf der Straße zur Gottseligkeit;
ein Leben für die einsam — Verzagten,
die Kranken und die Armen,
die Menschen in Not,
ohne Dach, ohne Brot —
führt man zu Gott, der da hilft
    aus dem Leid,
zu der Straße zur Gottseligkeit.

Sie kannten sich drei Ewigkeiten

Sie kannten sich drei Ewigkeiten;
noch liefen sie beide allein umher —
doch sie mochten sich sehr.

Sie kannten den Heiland sehr lange schon —
und bald nahm auch er Ihn richtig an,
worauf dann bald ihre Freundschaft begann.

Sie war noch jung und er ein wenig
in die Jahre gekommen;
da hat sie ihn zum Mann —
und er sie zur Frau genommen.

So rauften sie sich dann zusammen.
Sie liebten sich sehr und mit den Jahren,
haben sie manches Schwere,
doch auch sehr viel Gutes erfahren.

Sie lebten für ihre Leidensgenossen —
getröstet, behütet —
und mit sehr viel Liebe übergossen.

Sie lebten für Gott — glücklich und zufrieden,
viele Menschen fanden Trost bei ihnen;
manch einer hat auch zu Jesus gefunden.
So erlebten die beiden
   viele glückliche Stunden.

Der Zug von Münster läuft in Unna ein

Der Zug von Münster läuft in Unna ein,
bald werden die Zwei zu Hause sein.
Mit dem Moped geht's weiter nach Iserlohn,
doch der Himmel deckt sie mit schwarzen Wolken ein.
Doch mutig geht die Fahrt immer weiter, —
vielleicht wird's ja gleich doch wieder heiter.

Die ersten Tropfen fallen hernieder,
   aber Sabine singt Glaubenslieder;
laut im Vertrauen, dass Gott hilft, —
laut, immer lauter wird gesungen
und siehe, der Himmel klärt sich wieder.
Über den Beiden weit und breit —
weiße Wolken und Sonnenschein
bald werden sie trocken zu Hause sein.
Herr Jesus, du hast ein Wunder getan;
wir danken dir und beten dich an.

Es dunkelt die Nacht

Es dunkelt die Nacht und es säuselt der Wind;
die Zeit, sie fiebert dem Morgen entgegen.
Der Mann im Mond hat ein Feuer entfacht —
    Ich schreib' ein paar Zeilen —
und nebenan schläft mein Kind.
Und ob das Gedicht nun gelingt,
liegt nur an Gottes Segen.

Ich danke für Dich als meine Krankenschwester,
Du sorgst für mich in meinem Leiden,
manch einer wird mich schon um Dich beneiden.
Du hilfst mir in der Glaubenslehre.
Weißt Du, Du große Meisterin,
wie ich Dich auch deshalb schon verehre!

Du bist Gattin und Geliebte —
und so möchte ich Dich fragen:
„Wer kann das schon von sich sagen?"
Liebend mühst Du Dich um unsere Sorgenkinder,
    tröstest hier und dienst da —
bei Dir, da werden alle gesünder.
Gott ist Dein Vater und Jesus Dein Herr,
nur für ihn lebst Du und liebst ihn so sehr.

*E*s dunkelt die Nacht und es säuselt der Wind,
die Zeit, sie fiebert dem Morgen entgegen,
der Mann im Mond hat ein Feuer entfacht...

R.F.

„Eine tüchtige Frau — wer findet sie? Und fernab von Korallen ist ihr Wert. Das Herz ihres Herrn birgt sich in ihr und an Ausbeute wird es nicht mangeln. Sie tut ihm wohl und nicht übel alle Tage ihres Lebens."

Sprüche 31:10–12

In deinen Augen

In deinen Augen, sind das die Sterne?
In deinen Wangen, ist das die Glut?
In deinen Haaren, ist da das Brausen?
Und in deinem Herzen, ist da das Blut?

Sabine wirst du gerufen,
nicht Jemima ist dir gleich —
schönste unter den Täubchen,
du machst mein Leben so reich.

In deinen Augen, sind das die Sterne?
In deinen Wangen, ist das die Glut?
In deinen Haaren, ist da das Brausen?
Und in deinem Herzen, ist da das Blut?

Sabine, so will ich dich nennen,
so wie seit Jahren ich's tu.
Schön war einst Kezia,
doch viel schöner bist du.

In deinen Augen, sind das die Sterne?
In deinen Wangen, ist das die Glut?
In deinen Haaren, ist da das Brausen?
Und in deinem Herzen, ist da das Blut?

Schön waren Keren-Hapuch,
Jemima und Kezia,
doch viel schöner für mich,
Sabine, bist du.
Und wie wunderbar:
Du bist für mich da.

R.F.

„Ich bin ein Krokus von Sharōn, eine Lilie
der Täler." — „Wie eine Lilie unter den
Dornen, so ist meine Freundin unter den
Töchtern."

Hohelied 2:1-2

Liebe und Treue

Als wir uns einst die Hände hielten
und dann bald die Ringe tauschten,
wir lauter dumme Dinge taten —
und verliebt dem Nachtwind lauschten...

Als wir im Sommer Schlitten fuhren —
und im Winter Rollschuh liefen —
wir beide noch Zigarren rauchten,
und zweimal hundert Meter tauchten,
    und öfter auch voll Glück mal jauchzten...

Als wir so manchen Streit ausfochten,
dabei uns aber trotzdem mochten —
und näher zueinander fanden,
festigten sich so die Banden,
    weil wir die Vergebung kannten...

Ja, weil wir Jesus Christus kennen,
und von der Vergebung leben,
können wir uns glücklich nennen,
bei allem Ihm die Ehre geben...
und dann auch noch ewig leben,
kann's denn so was noch mal geben?

*W*eil wir in Jesus Liebe schworen,
und uns stets die Treue hielten,
ist auch nach all den vielen Jahren,
beides noch kein Stück gefroren,
und wird täglich neu geboren...

R.F.

„So aber, wie sich die Gemeinde dem Christus unter-
ordnet, so auch die Frauen den eigenen Männern in
allem. Ihr Männer, liebt eure Frauen, wie auch der
Christus die Gemeinde geliebt und sich um ihretwillen
hingegeben hat.“

Epheser 5:24–25

Denn Engel wie du

Jeden Tag, wenn wir zwei uns begegnen,
dann beginnt unser Herr uns sehr zu segnen.
Und die Sonne fängt an, dann zu scheinen
— denn Engel wie du, die dürfen nicht weinen —
und unser Leben, das ist einfach schön.

Ja, jeden Tag, wenn wir zwei uns begegnen —
dann beginnt unser Herr uns sehr zu segnen.
Und die Sonne beginnt dann zu scheinen —
— denn Engel wie du, die dürfen nicht weinen —
und wenn die Sterne uns beide begrüßen,
dann liegst du mir — und ich dir zu Füßen;
ja, nur der Mond schaut uns zu!

Denn jeden Tag, wenn wir zwei uns begegnen
dann beginnt unser Herr uns sehr zu segnen,
und die Sonne beginnt dann zu scheinen
— denn Engel wie du, die dürfen nicht weinen —
und wir finden vor Glück keine Ruh!

Und fängt der Wind an sehr zu toben,
dann fangen wir an, unsern Herrn zu loben —
und dann beginnt die Sonne zu scheinen
— denn Engel wie du, die dürfen nicht weinen —
und der Mond und die Sterne, die leuchten so wie Gold;
denn deine Liebe, die ist mir so hold!

R.F.

Hoheliedgedichte

Gedichte nach dem Hohelied
von Reinhard Förster

1

Es küsse mich dein Mund, dein Mund
    allein — ist mir dein Name
doch wie der schönste Edelstein.
Bist du der schönste doch in diesem Städtchen,
    darum lieben dich die Mädchen.

Ach, führe mich in deine Kammer —
    und sieh nicht meine Farbe —
denn lieblicher bist du als feinste Narde.
Siehe, ich bin nur der Berge Hüterin —
oh, König, mach' mich doch zur Königin.

Wie Myrrhe und wie Zyperblumen —
    bist du mir an meinem Leib —
bist du, mein Freund — ach, mache mich
    zu deinem Weib.

2

Oh, du der Blumen Königin unter den Mädchen,
und du, du Krone unter den Bäumen —
in deinem Schatten lass mich träumen.

Ach, führ' mich an den Ort der Liebe,
ja, dass mein Haupt in deiner Linken liege —
bei Harfenklang und Kerzenschein
    soll deine Rechte
ganz nah an meinem Herzen sein.

Da ist mein Freund, er lacht und singt,
er hüpft und springt, er guckt und sieht
und ist entzückt und wird verrückt.

Ach komm, komm her, du meine Freundin,
komm und sieh, der Weinstock blüht.
Du bist mein — und ich bin dein —
komm — und lass uns glücklich sein.

3

*I*ch suche dich, mein Freund —
auf den Straßen, auf den Gassen —
weil dich meine Seele liebt.

*I*ch seh' die Wächter in der Stadt,
ob einer ihn gefunden hat —
ob es ihn noch gibt,
dass einer ihn gefunden hat.

*D*a ist er, ich kann's noch nicht fassen,
ich möchte seine Hand erfassen.

*E*s stehen Wächter in dem Saal,
die schützen uns vor arger Qual.

*K*omm, oh König, komm zu mir,
immer, ewig, für und für.

4

Siehe, du bist schön und wunderbar;
siehe, schön bist du, ja, es ist wahr.
Deine Zähne wie eine Herde Lämmer —
die Worte von deinen Lippen
klingen schön und schöner.

Dein Hals wie ein Turm —
und wie junge Gazellen dein Leib
zu stehen bei dir ist mir eine Freude.
Alle Menschen, die dich seh'n, sagen:
Schön bist du, du bist schön.

Komm mit, meine Schöne,
komm mit mir aus deinem Hause:
denn der Blick von dir, er raubte mein Herz,
oh' lass uns nicht warten,
du edle Knospe in unserem Garten.

Du Gartenbrunnen vom Libanon,
du stehst in meinem Garten.
Iss, mein Liebster, aus meinem Garten,
ich habe mit tausend Früchten gewunken,
iss, mein Liebster, und werde trunken!

Myrrhe und Honig und Milch und Wein —
du hast mein Herz, gib's mir nie mehr zurück —
schön ist die Liebe — ich bin trunken vor Glück.

Sie wälzt sich im Schlaf;
ich klopf' an ganz brav —
erlaube, meine Taube,
denn mein Herz gehört dir.
Ich brauch' nicht zu flehen,
dass ich dich kann sehen,
ich will nie mehr zurück,
denn ich bin trunken vor Glück.

Ich öffne die Tür und nehme gleich wahr,
mein Freund, der erwählte, — er ist nicht mehr da.

Wie Gold ist sein Haupt
und klar ist sein Blick —
süß ist sein Mund.
Ach, komm doch zurück –
zu lang ließ ich dich warten —
doch ich bin trunken vor Glück.

Edel wie des Königs Stadt,
stark wie ein Orkan.
Treu deine Augen,
gleich einer Taube.
Wende dich von mir,
denn mir ist wirr.

Wie der Glanz der Abendsonne,
die im Meer versinkt,
sind deine Haare.

Ach, du einzige unter den Vielen —
schön wie der Mond
und klar wie die Sonne am Morgen.

Geh' in den Garten, schau' deine Gestalt;
ach, du machst mich von Sinnen —
du Königin unter den Königinnen.

7

Wende dich her, wende dich hin;
   ich bin geblendet,
wende dich hin, wende dich her,
ach, dass dieser Tanz nie endet.

Edel dein Gang, du Königstochter.
Kostbar dein Halsgeschmeide,
wie aus des Meisters Hand gemacht,
in deinem feinen Kleide.

Ein runder Becher mit viel Getränk,
   du bist für mich ein edles Geschenk.
Dein Leib wie die Lilie auf dem Feld
   und wie junge Gazellen.

Dein Hals wie ein Turm aus Elfenbein,
dein Blick so klar wie tausend Edelsteine,
dein Wuchs wie der junge Morgen.
In deinen Locken liegt ein König geborgen.

Geh mit mir, mein Freund, geh mit mir auf's Feld;
   dort tanze ich mit dir den schönsten Reigen,
dort möchte ich dir unter Zyperblumen,
dort möchte ich dir meine Liebe zeigen.

Ach, wärst du mein Bruder, ich küsste dich —
und keine Strafe träfe mich.
Ich führte dich heim in meiner Mutter Haus
   — ich gäbe dir Wein —
und niemand weckte die Liebe nicht.

   Wer ist sie, die bei mir die Liebe sucht —
   sich wie ein ein Siegel legt auf meinen Arm?
   Genügt mein Leben für dich, mein Herz,
   für deine Liebe, die den Tod zerbricht,
      — denn stärker als der Tod ist nichts —
        nur die Liebe nicht.

   Und ist die Jugend auch vorüber,
   und fand ich Frieden auch bei dir —
   flieh, mein Freund, in die weiten Berge;
   oder komm, ach komm zu mir.

ENDE DER
HOHELIEDGEDICHTE

Blumenmeer

Du saßest in deinem Garten;
in einem wunderschönen Blumenmeer.
Du warst dort, um auf mich zu warten,
und deshalb wollt' ich zu dir geh'n
und dein schönes Lächeln seh'n,
    denn es ist wunderschön.

Ich sah dich lachen
und habe dich weinen geseh'n,
und immer war es wunderschön.

An einem Sommerabend
in einem Blumenmeer,
umgeben von grünen Bäumen,
da habe ich dich träumen geseh'n
da sah ich dich lachen
da sah ich dich weinen
— in einem Blumenmeer —
und immer warst du wunderschön.

Da wurd' mir wieder klar:
    Ich liebe dich sehr;
an einem Sommerabend
in einem wunderschönen Blumenmeer.

91

Ströme lebendigen Wassers

Im Licht der Sonne am Wiesenrain
bin ich dir begegnet,
und ein warmer Sommerregen
hat auf uns herunter geregnet.

Ströme lebendigen Wassers von deiner Stirne herab,
zeugen von deinem Glauben an Jesus, den Retter der Welt.

Im Schatten von Wind am Fuße des Berges
— auf einem Stein —
küsste ich dich, du schönes Kind,
und du solltest für immer die Meine sein.

Ströme lebendigen Wassers schauen aus deinen Augen;
erzählen, was die Welt in den Angeln hält
und künden den Heiland, den Retter der Welt.

Im Glanz der Sterne am Himmelszelt
kauften wir Milch und Honig — ganz ohne Geld;
frohlockten und lachten — und merkten nicht mehr,
wie glücklich wir sind.

Ströme lebendigen Wassers von deinen Lippen herab,
erzählen, ich habe dich gerne,
und dass für dich auch der Heiland starb
— und auferstand —
dadurch Er dir Zugang zur ewigen Freude erwarb.

„Siehe, schön bist du, meine Freundin — siehe, du bist schön.
Deine beiden Augen eine Taube hinter deinem Schleier.“
Hohelied 4:1

„Wer in mich vertraut — so, wie die Schrift sagt —, aus dessen
Innern werden Ströme lebendigen Wassers fließen.“
Johannes 7:38

Wie eine Traube aus Zyperblumen

Wie eine Traube aus Zyperblumen
in seinem Gartenreich — ist mein Freund —
ich glaube, er ist Engeln gleich.

Mit Flügeln aus Blättern und duftendem Haar
Die Blumen steh'n im Land, der Frühling ist da;
du bist bei mir, und reichst mir die Hand,
    du Königstochter —
an meiner Seite in unserem Königreich —
du bist gewiss den Engeln gleich.

Edle Früchte und Zyperblumen;
es duftet nach Safran, Kalma und Zimt.
Dein Freund hat gewonnen, er ist so reich —
und du, du bist den Engeln gleich.

Er weidet in Balsambeeten,
mein Freund, er macht das Herz mir weich.
Er ist mein und ich bin sein;
pflückt Lilien mir in unserm Königreich —
und wir, wir sind den Engeln gleich.

R.F.

94

Ihr Haar wie Rubin

Ihr Haar wie Rubin und glänzend ihr Teint —
sie hat die Erde mit dem Himmel verbunden.
Ich habe die Frau im Mond geseh'n
und dabei die Frau meines Lebens gefunden.

Ich habe die Frau im Mond geseh'n —
wie Samt ihre Hände, wie zart ihre Haut,
    sie war so schön.
Ich habe die Frau im Mond geseh'n;
ich gehe mit ihr durch die gleiche Tür.
Lieber Gott, ich dank' dir dafür.

Ich habe die Frau im Mond geseh'n
und geh' mit ihr durch die gleiche Tür —
zehntausend Engel hinter ihr und mir.
Lieber Gott, dafür dank' ich dir.

Und ich bin der, der bei ihr wohnt.
Ja, ich habe Glück:
    Ich bin der Mann im Mond.

Weiße Taube

Weiße Taube im Frühlingswind;
treu deine Augen, wunderbar die Gestalt,
ach, wie das Blut in meinen Adern wallt. —
Schön, ja schön, ach wie schön,
dass wir Freunde sind.

Regentropfen im Sonnenschein,
Perlen glitzern im Sonnenlicht —
ach, was müssen sie kostbar sein;
und bei zehntausend Sonnen
sehen meine Augen die Sonne nicht.

Tochter der Sonne und Gotteskind,
dein Zuhause ist das Licht —
schön, dass wir drei Freunde sind.
Sonst gäbe es zehntausend Freuden nicht.

Weiße Taube im Abendlicht,
in deinen Augen seh' ich den Abend nicht,
und doch bricht fließend er herein.
Doch Liebling, mach' dir keine Sorgen,
er bricht in einen neuen Morgen.

Drei Rosen

Drei Rosen aus blutroten Rubinen,
die funkeln in der Sonne so schön,
gegossen im Himmel für uns drei;
die wurden auch dort geschlossen
und ewig ist wieder Mai.

Drei Rosen aus blutroten Rubinen
die standen seit ewiger Zeit für uns bereit.
Der Himmel selbst hat sie gegossen.
Nur wer liebt, der kann das verstehen.

Drei Rosen aus blutroten Rubinen,
die haben zwei Menschen gepflückt.
Der Herr Jesus hat sie beschienen,
darum wurden die drei auch beglückt.

Drei Rosen aus blutroten Rubinen,
die wurden im Himmel getraut.
Gott selbst wird sie ewig vereinen.

Drei Rosen aus blutroten Rubinen,
die werden ewig besteh'n...

97

Rühme, du Unfruchtbare

Sind Jahre auch ins Land gezogen,
seit ich dich einst nahm zur Frau,
bist du auch schwanger nie gewesen,
so ist doch groß der Kinder Segen,
der deiner Liebe reiche Frucht.

Träume den Tanz der Liebe mit mir,
stimm' in ein großes Loblied ein,
wenn wir, ringsum von Engeln umgeben,
in die goldenen Tore zieh'n ein.

Weit breitest du deine Decken aus,
gelebte Liebe wird vielen zuteil,
Halt gibst du vielen, Hoffnung und Trost
wird so manchem gegeben.
Liebe und Halt durfte ich auch erleben;
wie manchem diente diese Liebe zum Heil.

Tanze den Reigen der Liebe,
die durch Jesu Blut uns zuteil,
zieh' mit mir in die goldenen Tore ein,
tanze mit mir in den Himmel hinein.

*U*nd fallen Berge auch und Hügel,
so weicht doch Seine Gnade nicht von dir,
es ist so schön mit dir zu leben,
die Liebe die uns Jesus lehrt;
bist du auch schwanger nie gewesen,
die Kinderzahl sich selbst vermehrt.

*T*anze mit mir den Reigen der Liebe,
tanze mit mir die Träume des Glücks,
tanze mit mir in den Himmel hinein,
wenn wir einst in die goldenen Tore zieh'n ein.

„Juble, du Unfruchtbare, die nicht geboren hat — brich
in Jubeln aus und jauchze, die sich nicht gekrümmt
hat; denn zahlreicher sind die Söhne der Verlassenen
als die Söhne der Verheirateten, spricht der HERR.“

Jesaja 54:1

Wahre Träume

Ein wunderschönes Land, ein Paradies,
in das mich einst das Leben ließ,
darin zu träumen wundersam,
und vor lauter Freude dann zu weinen.

Ein Leben voller Phantasie
— wie wohl der Himmel ist —
ach, diesen Traum vergess ich nie —
ein Engel sagte einst zu mir:
Diese Frau erfüllt ihn dir.
Ja, gib deine Liebe dieser einen,
um vor lauter Freude dann zu weinen.

Jesus Christus ist der Eine,
der uns zusammenhält —
hat einen schönen Traum erfüllt
vom Paradies;
darin zu leben ewiglich
und Gott zu preisen immerdar.
So werden aus wundersamen Träumen
Wunder wahr!

Liebe

Liebe ist nur, wie manche meinen,
wenn sich Mann und Frau vereinen.
Nein, Liebe ist das ganze Leben;
Freude nehmen, Freude geben.

Liebe ist nicht tolerieren —
was kann man den schon verlieren,
wenn man abends mal nicht fernsieht,
weil man halt den Andern gern sieht.

Liebe, das ist leider klar,
ist längst noch nicht für alle da.
So mancher muss noch abseits stehen,
wann wirst Du endlich zu ihm geh'n?

Liebe ist nicht akzeptieren,
ist viel mehr den Kampf verlieren,
um Jubel, Trubel, Heiterkeit,
statt innerer Zufriedenheit.

*„Geliebte, lasst uns einander lieben, denn die Liebe
ist aus Gott; und jeder, der liebt, ist aus Gott
geboren und kennt Gott. Wer nicht liebt, hat Gott
nie gekannt — denn Gott ist Liebe."*

1. Johannes 4:7–8

Der Weg ins Glück

Lieber Reinhard, denk nur an,
heute wirst du 40 Jahr',
kannst du mir denn auch noch sagen,
welches Jahr das schönste war?

Damals warst du noch ein Kind,
als der schwere Unfall kam.
Du erholtest dich so langsam;
geborgen in der Mutter Arm.

Die Lehre war sehr schön und lustig,
noch blicktest du voll Zuversicht
in die Welt hinein, ins Leben;
doch es hielt sehr lange nicht.

Dann kam eine schwere, lange
Zeit, die du nicht gern erlebt;
eine Zeit, wo alles anders
kam, als du es angestrebt:

Krankenhäuser, Tagesräume,
zwischendurch dann mal entlassen,
Depressionen, Angstgefühle,
wer kann deine Not erfassen!

Dann, als du ganz unten warst,
ganz am Ende deiner Kraft,
da trat Jesus in dein Leben,
macht' es glücklich unverhofft.

Dann, so kann man eigentlich sagen,
ging es nur noch steil bergan.
Freude kam und die Gesundheit
und du wurdest Ehemann.

Ja, acht Jahre sind es nun,
wo das Glück so hold uns ist,
abgeseh'n von ein'gen Dingen,
die man gern wieder vergisst.

Ja, mein Schatz, und welches war
das schönste Jahr in deinem Leben?
Dank sei Gott, der dir im Leben
Glück und Freude hat gegeben!

S.F.

Fünfundzwanzig Jahre 50

Fünfundzwanzig bist du heut',
fünfundzwanzig Jahre,
geliebt, beschützt, getragen in Gottes Händen,
als wusste Er,
dass deine Wege zu Ihm fänden,
was heute auch mein Herz erfreut.

Fünfundzwanzig bist du heut'
fünfundzwanzig Jahre,
und wie ein Kind
wirfst du dein Leid auf den,
der einst dafür geschlagen.
Du lässt die Sorgen, Sorgen sein
und vertraust nur Ihm allein.

Ich danke Ihm für alles und für dich,
ich dank' Ihm für dein ganzes, liebes Wesen,
dass du für mich die Frau des Lebens bist
und danke Ihm auch, dass wir wissen,
dass wir uns nie mehr missen müssen.

Und in die Jahre nun gekommen,
hast die fünfzig du erklommen
und nicht für allen Reichtum dieser Erde,
und nicht für die, die sich die Schönen nennen
gäb' ich dich her.

Ich werd' und muss dich immer lieben,
denn dir, ja dir
steht die Liebe ins Gesicht geschrieben.

R.F.

Wünsche an Dich

Ich wünsche Dir Gottes Gnade
im neuen Lebensjahr,
und dass Deine Wege und Pfade
gerichtet seien und klar,
und dass Du in jeder Stunde
der Liebe Jesu gewiss
und glaubest der frohen Kunde,
der Du ja gehorsam bist.

In Nächten der Einsamkeit wünsche
ich Dir von der Liebe ein Lied,
und dass einer tröstet Dein Auge,
wenn Du keine Hoffnung mehr siehst.
Und bist Du erfüllt mit der Freude,
Dein Herz voller Dankbarkeit singt,
dann wünsche ich Dir liebe Leute,
mit denen Dein Lied dann erklingt.

Verliere niemals die Hoffnung,
verliere niemals den Mut!
Gott selber, er wird Dich leiten
und zu Dir sprechen so gut,
dass Du immer spürst seine Liebe,
so oft wie Dein Aug' nach ihm schaut.
Oh möchtest Du ihm vertrauen,
dann hast Du auf Felsen gebaut.

S.F.

Meiner geliebten Ehefrau Sabine zum 55. Geburtstag

Hell leuchten die Lichter zur Abendzeit,
paradiesisch der Raum, in dem ich bin.
Gedanken der Freude kommen mir in den Sinn;
ich schaue zum Himmel in der Dunkelheit.
Dann schaue ich in dein Gesicht
und wieder zum Himmel, und sehe ein Licht.

Hoch am Himmel der Abendstern,
leuchtet er wie nah — und doch so fern,
umgeben von vielen tausend Lichtern;
ich sehe den Mond und möchte dort nicht sein.
Ich danke meinem Gott — ich bin auf der Erde
und ich bin nicht allein.

Ich bin hier unten und sehe in dein Gesicht.
Ich lese von Liebe, von Freude, Sanftmut,
von Frieden, Geduld und Vergeben —
ich sehe das Leben.

Hallo Fräulein

Hallo Fräulein, ich beliebe nicht zu scherzen
— und hab' auch Böses nicht im Sinn —
doch mein Wunsch, der kommt von Herzen,
denn seh' ich Sie, dann bin ich hin.

Wie wär's, wenn wir mal Tanzen geh'n
— oder auch ein bisschen lesen?
Wir werden uns schon gut versteh'n.
Wissen Sie, Sie sind sehr hübsch
und gefallen mir sehr gut.
Ach, mir fehlt ja fast der Mut —
ich möcht' Sie gerne wieder sehen.

Nun setz' ich meine Brille auf,
und seh' den Himmel blau.
Dieses hübsche Fräulein hier
ist ja fast 30 Jahre schon,
meine eigene Frau.

Er muss charmant sein

Er muss charmant sein,
ohne jeden Fehler bis auf jene,
die ich übersehen kann.
     Er sollte klein sein,
     doch darf nicht arm
     und muss nicht reich sein.
Geht er glänzend durch diese Prüfung,
dann ist er schon so halb mein Mann.

Flink wie ein Wiesel und stark wie ein Tiger,
     das wäre gut; jeder zög' vor uns den Hut.
Gepflegte Hände, sprich: Arbeit nur im weißen Kittel.
Nach Möglichkeit, das wäre mir natürlich lieber,
     akademischer Titel.

Man müsste mit ihm lange diskutieren können,
     über Probleme und dergleichen,
er müsste alles dies zerreden,
     bis zum Erweichen.
Sein Herz, das sollte lange schlagen,
aber nur für mich und meine Kleine,
ja, so ein Mann, mit Herz und Kraft
     und Geld und Gut,
den könnte ich schon lang ertragen...

109

Honigbiene

Ich esse gerne Honig;
   am Tag drei Löffel voll.
   Ich hab' davon auch nicht wenig —
   und habe auch eine Biene,
   die macht sehr oft summ summ —
      an den Blumen herum.

Und meine Biene, die ist nicht dumm;
   die gibt den Blumen auch Wasser —
   und macht dabei summ summ.
   Sie singt dabei Glaubenslieder;
   und summt dabei — summ summ.

Sie holt den Honig aus den Blumen
   und ich bewund're sie sehr.
   Dann schlecke ich den Honig
   und mache dabei summ summ;
   dabei singe ich mit Sabine die Lieder,
   denn ich bin auch nicht dumm —
   summ summ, summ summ,
      summ summ.

R.F.

Meine Frau

Sie geht lächelnd durch die Straßen
und wer sie sieht, der freut sich sehr;
sie fragt dann erstmal wie es geht,
und spricht dann erstmal ein Gebet.

Oftmals freuen sich die Menschen,
wenn sie an der Ecke steht;
dann hört sie erstmal ihre Sorgen
und sagt, was dazu in der Bibel steht.
Freundlich flüstert sie dann leise:
Mach aus Sorgen ein Gebet.

Manchmal fährt sie durch die Straßen,
stets die Bibel in der Hand.
Dann bezeugt sie ihren Glauben
den Menschen, die sie nie zuvor gekannt.
Sie sagt was in der Bibel steht,
und spricht erstmal ein Gebet.

Meist strahlt sie wie der junge Morgen,
ist wie ein Baum gepflanzt an Bächen,
und was sie macht, das stets gerät.
So geht es den Menschen die so leben,
weil das in der Bibel steht.

Seit nunmehr fünfundzwanzig Jahren
bin ich der Mann von dieser Frau,
und ständ' ich nochmal vor der Wahl,
und hätte ich zwei Wünsche frei,
ich würd' mit einem Aug' auf Jesus seh'n —
und dann an der Ecke steh'n.
Dann erzählte ich ihr meine Sorgen,
nähme sanft sie bei der Hand,
und dann strahlt ein neuer Morgen...

„Wie lieblich sind auf den Bergen zwei Füße, die
Kunde bringen, die Frieden verkünden, die Gutes
kundtun, die Heil verkünden, die zu Zion sagen:
Dein Gott ist zu Throne gestiegen."

Jesaja 52:7

Jenny

Jenny, so wird sie genannt,
ist uns seit längerem bekannt.
Als wir sie lernten kennen,
war eines an ihr zu erkennen:

Sie hatte ihr ganzes Augenmerk
auf Verse der Bibel gerichtet...
und bald schon darüber berichtet.

Oft kommt sie mit Bitten um Hilfe,
wenn Menschen im Haus sie bedrängen mit Lärm...
Und betet dann mit uns und geht wieder gern
zurück in ihr Haus wohlgemut.

Sie weiß, im Beten liegt große Kraft
und mit Gebet sie sehr viel schafft,
ihr Fenster zum Himmel steht offen
— manch einer ist davon betroffen.

Wenn sie nicht schlafen kann des Nachts,
weil Lärm das Haus erschüttert
ruft sie schon mal die Polizei,
die kommt dann auch und hilft ihr frei,
und alles ist wieder in Butter.

Sie kennt so manchen Menschen
— ist hier und da bekannt.
Viele steh'n mit Rat ihr bei,
wenn's Chaos nimmt überhand.

Doch eines vergisst sie so gut wie nie:
sie kommt zu uns einmal im Monat.
Dann putzt sie für uns das Treppenhaus,
weil sie dann davon etwas Lohn hat.

Sie ist ein sehr, sehr netter Mensch
— kommt sie auch schon mal ungelegen.
Dann sagt sie, sie hätte auch noch was vor
— und schon ist die Sach' grad'gebogen.

Manchmal fragt sie auch schon mal nach 'nem Ei,
oder um etwas Margarine...
Mit Jenny, da liegen wir einfach genau
so auf der richtigen Schiene.

Es wäre noch mehr zu berichten, gewiss,
über diesen netten Menschen.
Nun schließen wir hier diesen Bericht
mit eben diesen Gedanken...

S.F.

* Name geändert

R. Förster

Ich bin durch die Welt gegangen,
allein durch Kälte und Wind;
und doch — ich war von ihr gefangen,
wie alle von uns gefangen sind.

Gelebt hab' ich lang von der Hoffnung
nach Liebe, Geborgenheit und Glück;
nie hab' ich's so recht verstanden,
blieb meist allein und traurig zurück.

Manchmal hab' ich gebetet
und trotzdem hatte ich Angst...,
doch eines bestimmte vor allem mein Leben;
ich habe die Hoffnung nicht aufgegeben.

Manchmal fand ich sehr liebe Menschen,
ich fühlte mich bei ihnen besonders wohl.
Sie hatten etwas, ich weiß nicht recht,
so strahlende Augen, so rein und echt.

Einmal wusste ich nicht mehr ein noch aus,
ich dachte, ich muss ins Krankenhaus —
doch ich rief Gott an, durch seinen Sohn
     Jesus Christus.
Er hat seitdem mein Leben gelenkt
und vielleicht auch, ein klein wenig
strahlende Augen geschenkt.

„Und rufe mich an am Tag der Not — ich werde dich
retten, und du wirst mich ehren."

Psalm 50:15

Zwei Freunde

Er war ganz aufgewühlt,
  weil er ihn für was Bess'res hielt;
doch er kam als Bettler, um zu dienen,
    die Menschen mit Gott —
und den Menschen zu versöhnen.

Er fühlte den Schmerz, der den Anderen drückte
und las von den Augen, was ihn beglückte.
Jahre gingen darüber ins Land,
wo einer des Anderen Schmerzen verband.

Man ist darüber auch älter geworden;
der Eine hörte des Anderen Leid.
Man strahlte vor Freude und es gab keinen Neid;
sie waren zwei Freunde für endlose Zeit.

Ein Geben und Nehmen, ein Hören und Reden.
Ein Singen und Beten, ein Hoffen und Staunen,
    ein Tragen und getragen werden —
auf dem mühsamen Pfad hier auf Erden.

R.F.

118

Jesus kommt wieder

Ihr lieben Menschen unter dem Sternenzelt,
wir leben gerne, sehr gerne auf der Welt.
Doch in den Wolken, dort in der Ferne,
dort, da kommt Er uns entgegen;
Er, der Herr des Himmels und der Erde,
auf dass uns Frieden werde.

Dort, dort kommt Er in den Wolken,
seht, ihr Christen, da ist er schon,
seht, ach, seht den Gottessohn.

Ihr, die Ihn einst angenommen,
werdet zu Ihm in den Himmel kommen.
Da, ihr Christen, seht Ihn kommen;
seht, Er hat euch schon angenommen.
Seht, Er holt euch von dieser Erde,
auf dass euch endlich Frieden werde.

Dort, dort kommt Er in den Wolken;
seht, ihr Christen, da ist er schon...
seht, ach, seht den Gottessohn!

*„Der Herr zögert nicht der Verheißung, wie einige auf
eine Verzögerung halten, sondern ist geduldig mit uns;
liegt ihm ja nicht daran, irgendjemand zu verderben,
sondern allen Raum zur Umkehr zu geben."*

2. Petrus 3:9

Geliebte, lasset uns einander lieben

Geliebte, lasset uns einander lieben,
   denn dann sind wir aus Gott geboren,
und wer nicht liebt, der ist auch nicht
      aus Gott geboren —
ja, wer nicht liebt, der ist verloren.

Gott hat uns so sehr geliebt,
   dass er uns seinen Sohn gesandt,
um am Kreuz für uns zu sterben
und vom Tod erweckt zu werden,
damit, die in der Liebe leben,
niemals mehr verloren geh'n.

Ihr Christen, liebt, die aus ihm geboren;
   doch liebt auch die, die noch verloren...
Ja, liebt die Menschen ohne Ende,
so, dass Gott auch einst die bei sich fände,
die sonst für immer gingen verloren,
wenn sie, durch deine Liebe nicht,
      ganz neu geboren.

Mit Liebe beginnt der Morgen

Mit Liebe beginnt der Morgen,
ohne sie kommen Streit, Angst, Hass und Sorgen;
doch mit ihr Frohsinn, Leben, Lachen und Frieden.
Ohne sie ist das Leben endloses Leid,
und mit ihr lebst du in Heiterkeit.
Mit ihr stillst du Wellen und Wogen,
    Stürme und Wind —
liebe doch so, wie die Mutter ihr Kind.

Liebe doch Gott, der dir die Liebe schenkt —
und liebe die Menschen ohne Arg', ohne Falsch.
Liebe sie in aller Welt
    — über Berg, Tal und Meer —
und sag' einem Jeden: „Ich liebe Dich sehr."

R.F.

„Nun aber bleibt Glaube, Hoffnung, Liebe; diese drei.
Größer aber von diesen ist die Liebe."
1. Korinther 13:13

Verzeichnis der Gedichte